LES
CRIMES POLITIQUES

DE

GUIZOT

PAR

THÉODORE NISARD

ACTEUR DE L'*HISTOIRE DE LOUIS-PHILIPPE*

Jugez des autres par un seul.

(VIRGILE, *en parlant des traîtres.*)

SOMMAIRE. — But de l'ouvrage. — Portrait de Guizot. — Sa naissance, ses premières années, son éducation. — L'anecdote du *Publiciste.* — Le fameux voyage de Gand. — Guizot sous l'Empire, sous la première Restauration et pendant les Cent jours. — Guizot change de politique comme on change de vêtements. — Son orgueil et son amour des places le rendent tour à tour bonapartiste, carliste, libéral, révolutionnaire, philippiste et partisan du despotisme. — Trahisons de Guizot depuis 1830 jusqu'en 1848 ; détails authentiques et curieux. — Guizot corrompt la France pour mieux l'enchaîner ; la France se lève enfin, et la justice de Dieu brise ce misérable instrument d'un roi prévaricateur. — ÉPILOGUE : Guizot couronné de lauriers par Louis-Philippe, le 21 février 1848.

Après l'*Histoire de Louis-Philippe*, vient naturellement celle de Guizot, son exécuteur des hautes-œuvres, l'âme damnée d'une dynastie qui n'est plus et que la France doit oublier pour toujours, sans arrière-pensée, sans regret, sans la moindre trace de sympathie.

Louis-Philippe est maintenant connu du peuple d'une manière historique. Il a suffi de quelques jours pour enlever plus de cinq cent mille exemplaires de sa triste biographie ; il a suffi de quelques pages pour stigmatiser le front usurpateur de cet ambitieux qui a violé tous nos droits, toutes ses promesses, tous ses devoirs.

1848

Des esprits timides et peu clairvoyants nous ont blâmé de le flétrir après sa chute ; on oublie, sans doute, que les sublimes instincts du peuple nous ont fait un accueil qui n'est dû qu'à la vérité, qu'à la justice. Et que nous importe, après tout, le blâme des uns et la louange des autres? Notre conscience s'est trouvée sur la route de la popularité : cela nous suffit. Poursuivons.

Or, notre tâche serait incomplète si, après avoir livré à la méditation des masses, les crimes d'un homme qui a ruiné la France et déshonoré notre noble patrie, nous ne venions pas relever les fautes du principal ministre de cette ruine et de ce déshonneur.

C'est nommer Guizot ! ! !

On a dit : *La parole, c'est l'homme;* on a dit aussi : *La physionomie est le miroir de l'âme.* Ces deux axiomes se confondent et n'expriment qu'une seule et même vérité.

Aussi, avant de commencer le récit des faits qui composent l'existence politique de Guizot, nous croyons convenable de crayonner la silhouette physique, morale et littéraire de ce personnage tristement fameux.

Laissons parler Timon et Louis Blanc.

« M. Guizot, dit le premier, est de petite et grêle stature. Son geste et « son aspect ont quelque chose de sévère et de pédantesque, comme « ont tous les professeurs. Il parle longuement. Il passe dans l'opposition « pour être cruel. Ses yeux flamboyants, sa figure pâle, ses lèvres contrac-« tées, lui donnent l'apparence d'un proscripteur. On lui attribue le fa-« meux mot : *Soyez impitoyables;* mot affreux s'il a été prononcé (1) ! L'or-« gueil remplit trop son âme pour y laisser quelque place à d'autres senti-« ments. Il s'enfoncerait la tête la première dans l'abîme, qu'il ne convien-« drait pas qu'il se noie, et il croit à sa propre infaillibilité avec une foi « violente et désespérée. M. Guizot a une morgue tranchante qui ne le « rend pas aimable... (2). »

L'auteur de l'*Histoire de dix ans* nous peint Guizot, en 1830, sous des couleurs plus piquantes encore et non moins vraies. « A côté de M. Du-« pont (de l'Eure), dit-il, il y avait M. Guizot, homme sec et hautain, tout « entier à son orgueil, passionné sous les dehors du calme. A son front « triste, à sa lèvre sèchement découpée, à son sourire rempli d'un froid « dédain, à un certain affaissement du corps, révélateur des troubles de « l'âme, il était aisé de le reconnaître. Nous l'avons vu, depuis, dans les « assemblées : on distinguait de loin, entre toutes les autres, sa figure bi-

---

(1) Il l'a été, et d'une manière orale, et d'une manière pratique.　　　　(*Note de l'auteur.*)

(2) *Études sur les Orateurs parlementaires,* 1 vol. in-8°, 1836, p. 7-12. — Nous avons abrégé beaucoup la citation, mais sans la mutiler, quant au sens général.

« lieuse et altérée. Provoqué par ses adversaires, il fixait sur eux un regard
« prompt à lancer l'insulte, et il relevait sa tête sur sa taille voûtée, avec
« une indicible expression de colère et d'ironie. Protestant et professeur,
« son geste péremptoire, son ton dogmatique, lui prêtaient quelque chose
« d'indomptable. Sa fermeté pourtant était toute dans les apparences : au
« fond, c'était un esprit sans activité, et dont la volonté manquait de vi-
« gueur... Sa parole, cependant, avait de l'autorité ; et son désintéressement,
« la gravité de sa vie, ses vertus domestiques, l'austérité de ses manières
« lui donnaient du relief au milieu d'une société frivole et cupide. »

Tel est l'homme que nous allons étudier aujourd'hui. Mais soyons brefs,
laconiques, car le peuple, qui veut apprendre à connaître ses ennemis, n'a
pas de temps à perdre : il faut que son éducation politique se fasse l'arme
au bras ou l'outil en main ; il faut que, *d'un coup d'œil*, il contemple le
passé, pour sauvegarder l'avenir.

François-Pierre-Guillaume Guizot, naquit à Nîmes, d'une famille calvi-
niste, le 4 octobre 1787.

Son père, qui était avocat dans cette ville, périt sur l'échafaud, trois
jours après la sanglante victoire de Robespierre sur Danton, Camille Des-
moulins et les hommes du *comité de clémence* (8 avril 1794).

Frappée dans ses affections les plus légitimes, la veuve d'André–François Guizot alla chercher à Genève des consolations auprès de sa famille et
se livrer à l'éducation de ses deux enfants.

François était l'aîné. Il entra au collége de Genève en 1799, et revint
en France, six ans plus tard, pour y faire son droit. Sa mère et son frère,
qui l'accompagnaient, se fixèrent de nouveau à Nîmes.

C'est à cette époque qu'il faut placer l'admission de Guizot, en qualité
de précepteur, chez M. Stapfer, ancien ministre de Suisse à Paris. Dès
lors des relations utiles se formèrent pour lui, et les salons de Suard lui
furent ouverts. On sait que Suard, illustre académicien, se plaisait à réu-
nir chez lui les écrivains et les littérateurs en renom de cette époque.

Au nombre des personnes qu'y rencontra Guizot, n'oublions point de
citer Mlle Pauline de Meulan. Née de parents nobles, mais ruinés par la
révolution, cette jeune personne trouvait, dans les ressources de son
instruction, les moyens de pourvoir à la subsistance de sa famille. Elle con-
courait alors activement à la rédaction des feuilletons du *Publiciste*, lorsqu'une maladie vint arrêter ses travaux. A la veille d'une position cri-
tique, elle se désespérait, lorsqu'un jour elle reçut une lettre anonyme
dans laquelle on la priait de se tranquilliser, et où on lui offrait de remplir
sa tâche pendant sa maladie. Cette lettre était accompagnée d'un article
parfaitement écrit, dont les idées et le style se trouvaient exactement cal-

qués sur la manière de Mlle de Meulan. Celle-ci accepta l'article, le signa, et en reçut régulièrement un semblable jusqu'à la fin de sa convalescence. Profondément touchée de ce procédé, Mlle de Meulan ne se fit pas faute de conter son aventure dans le salon de M. Suard, s'épuisant en recherches et ne pensant guère à un jeune homme pâle et maladif, qu'elle connaissait à peine et qui l'écoutait gravement se livrer à toutes sortes de conjectures. Supplié avec instances par la voie du journal de se faire connaître, l'anonyme se décida enfin à venir en personne recevoir des remercîments. On devine... Cinq ans plus tard, Mlle de Meulan devenait madame Guizot.

De même que le voyageur qui se met en route pour une excursion lointaine, voit avec plaisir quelques fleurs sur les confins du désert aride qu'il doit traverser, de même nous ne pouvons refuser notre admiration à l'épisode que nous venons de reproduire. C'est la fleur qui émaille la lisière des steppes, c'est le cœur d'un jeune homme que l'amour rend sensible, mais que l'ambition va perdre.

De 1809 à 1812, la littérature occupa tous les loisirs de celui qui fait le sujet de cette notice ; mais comme il importe peu aux masses de connaître le bagage scientifique de Guizot, nous prévenons nos lecteurs, une fois pour toutes, que notre *héros* a beaucoup écrit. Dans l'antique Rome, les rhéteurs aussi écrivaient beaucoup, et l'on sait le triste sort qu'ils réservèrent à leur patrie, quand ils arrivèrent au pouvoir.

En 1812, M. de Fontanes nomma Guizot professeur d'histoire moderne à la Faculté des lettres. C'est alors que celui-ci se lia d'amitié avec Royer-Collard, professeur d'histoire de la philosophie à la même Faculté, honnête homme, célèbre non-seulement par son propre éclat, mais encore par la corruption de ses élèves et de ceux qui se dirent ses amis.

Royer-Collard, on le sait, avait à cette époque des engagements avec la famille des Bourbons. Ce vénérable patriarche des constitutionnels royalistes, était un légitimiste sincère. « Pour lui, dit M. de Cormenin, la « légitimité était par l'antiquité de son institution, par la vénérabilité de ses « souvenirs, et par l'étendue et la profondeur de ses assises, la plus haute « expression de l'ordre social. Mais il voulait tempérer cet ordre dont « l'excès constitue le despotisme, par les conditions austères de la liberté ! « Il se faisait, de ses croyances dynastiques, une sorte de religion impo- « sante et raisonnée. Il coordonnait son régime de gouvernement comme « on coordonne une thèse de philosophie. Chimère qui a plus de belle forme « que de fond, car les alliances mystérieuses et fortes du passé et du pré- « sent, de la liberté et du pouvoir, sous le sceptre d'une dynastie qui se « perd dans la nuit des temps, ne sont pas intelligibles au vulgaire ; elles

« se rompent d'ailleurs par tous les bouts à l'application. L'équilibre
« fictif de cette pondération est sans cesse dérangé par le courant irrégulier
« des affaires humaines. Il faudrait, pour que de pareils édifices se tinssent
« debout, qu'il n'y eût jamais de nuages au firmament ni de vent dans
« l'air, et ce sont des châteaux de cartes qui culbutent au moindre souffle. »

Quoi qu'il en soit des théories de Royer-Collard, il est certain qu'elles
exercèrent quelque influence sur l'esprit de Guizot qui cherchait, dès
lors, à se faire une position politique. Partout où il crut voir une chance
de succès personnel, le futur ministre se montra souple et complaisant,
adulateur empressé, courtisan obséquieux et aveugle, malgré la morgue
et le pédantisme de sa parole et de ses écrits.

C'est donc ici que commence notre tâche. Des biographes, qui écrivaient
sous l'influence, et nous dirons presque sous la dictée de Guizot, ont osé
soutenir que celui-ci n'avait joué, à cette époque, aucun rôle politique.
L'un d'eux va même jusqu'à dire : — « Sans avoir, comme M. Royer-
« Collard, des engagements avec la famille des Bourbons, dont le jeune
« professeur ne se souvenait *peut-être* pas plus que toute la génération née
« depuis leur expulsion, quoiqu'il eût vu le jour pendant leur règne,
« M. Guizot ne comptait pas parmi les admirateurs de l'empereur, et son
« *indépendance* refusa l'éloge officiel qu'on lui insinua être d'un bon effet
« dans son discours d'ouverture. »

La vérité historique, assez embarrassante à dire par un panégyriste,
ne l'est point pour nous.

Guizot, au service de l'empereur, ne voulait pas faire l'éloge de Napoléon, parce qu'il prévoyait la chute prochaine du célèbre guerrier. La ca-
tastrophe était alors facile à pressentir. La grande armée avait reçu, en
Russie, un de ces formidables échecs qui révèlent un avenir rapproché.
L'empereur Alexandre allait devenir le chef des ennemis coalisés de la
France, longtemps humiliés par l'aigle de nos braves. A l'intérieur, la
conspiration des généraux Malet, Lahorie et Guidal était aussi un indice
significatif. Le pape, attelé comme une bête à la voiture de l'empereur,
traînait un char qui devait bientôt se briser dans la poussière. « La chute de
Napoléon, dit Louis Blanc, était préparée à Paris de longue main. » Il
fallait donc peu de clairvoyance pour assigner le commencement de la fin
d'un grand règne, et Guizot, qui n'avait pas de *mémoire*, avait du moins
l'instinct des ambitieux qui reçoivent les émargements d'un pouvoir, tout
en se mettant en mesure d'être rétribué par le pouvoir suivant.

Nous voici en 1814. Guizot était à Nîmes, auprès de sa mère, lorsque
Royer-Collard le fit nommer secrétaire général du ministère de l'intérieur,
en récompense de ses cabales et de ses intrigues en faveur de la première

restauration. Le 21 octobre, la censure fut consacrée par une loi, et Guizot fut nommé *censeur royal* trois jours après. Tel est l'homme que nous avons eu, sous la dynastie de juillet, pour sauvegarder la liberté de la presse!!!

Les *cent jours* arrivent. Louis XVIII fuit. Napoléon reparaît; et aussitôt Guizot accepte, par un *vote empressé*, *l'acte additionnel* aux constitutions de l'empire. Il y était décrété, par l'article 67, le bannissement *à perpétuité* de la famille des Bourbons. Le vote de Guizot est inséré dans *le Moniteur* du 14 mai 1814.

Malgré ce vote, Guizot reçut sa démission de chef de division au ministère de l'intérieur, et il prit alors la route de Belgique, où Louis XVIII attendait le moment favorable de rentrer en France. C'est là qu'il rédigea le fameux *Moniteur de Gand*. « Le voyage de Gand, a dit l'énergique « M. Boissy à la chambre des pairs, en 1844, le voyage de Gand fut en- « trepris en temps de guerre; quand on se rendait à Gand, on allait en « pays ennemi, on se rendait près d'un souverain qu'on disait alors légi- « time... C'était en temps de guerre, et quelques jours après avait lieu la « bataille de Waterloo, de funeste mémoire; les armées ennemies allaient « marcher sur Paris, s'en emparer, la dépouiller, en enlever en un seul « jour des trésors apportés de toutes les parties de l'Europe sillonnée par « nos armées victorieuses pendant quinze ans. Eh bien! ce voyage, on l'a « anéanti en l'appelant *voyage sentimental!* »

C'est ainsi, en effet, que M. Guizot voulut se justifier plus tard de ce voyage lâche et traître, entrepris après un vote contre les Bourbons et par colère d'une destitution impériale qui lui ôtait une place...

Sous la deuxième restauration, Guizot fut fidèle à ses nouveaux maîtres, tant que ceux-ci le conservèrent au pouvoir. Mais lors de la disgrâce du ministre Decazes à l'occasion de l'assassinat du duc de Berry, Guizot, qui occupait sous lui une place élevée, fut compris dans l'échec ministériel. A partir de ce moment, c'est-à-dire vers 1819, il se mit dans les rangs de l'opposition. Sa plume le servit à merveille. Il écrivit, entre autres choses, un livre qui a pour titre : *Des moyens d'opposition et de gouvernement dans l'état actuel de la France*, Paris, in-8°, 1821. C'est dans cet ouvrage qu'il reconnut que la grande révolution a légué au monde deux dogmes politiques : *la souveraineté du peuple* et *l'égalité*. Au fort de sa lutte avec le ministère, il développait dans sa chaire de professeur, au milieu des applaudissements d'un jeune et nombreux auditoire, les phases diverses du gouvernement représentatif en Europe depuis la chute de l'empire romain. Son cours fut interdit.

Arrêtons-nous un instant, et demandons-nous quel était le mobile de Guizot dans toute cette conduite. Était-ce réellement la cause de la France qu'il servait! Eh! mon Dieu, il faudrait être bien aveugle pour le croire! Guizot, rentré dans la vie privée, voulait revenir au pouvoir; il n'avait plus de place, et il en voulait une! Pour se remettre à flot, l'opposition était un puissant moyen : il en fit usage, vanta la *souveraineté* du peuple qu'il devait broyer plus tard, et parla d'*égalité* en 1821, pour se roidir dans la suite contre la *réforme électorale* qui voulait consacrer cette *égalité*.

C'est ainsi qu'agissent les ambitieux : ils font sonner de grands mots à l'oreille des peuples, et, quand ils sont au pouvoir, ils sont plus despotes que les despotes, plus tyrans que les tyrans. La politique des traîtres aboutit toujours à ce déplorable résultat.

On sait que les dernières années du règne de Charles X furent signalées par l'existence d'une foule d'associations secrètes qui minaient sourdement son trône. Vers 1827, Guizot devint un des membres les plus actifs de la société *Aide-toi, le Ciel t'aidera,* dont le but, dit-on, était alors de défendre, par toutes les voies légales, l'indépendance des élections contre les influences du pouvoir. Sans nous laisser entraîner ici dans une polémique inutile sur le véritable but de ces assemblées occultes, nous ferons seulement ressortir quelques conséquences naturelles du fait qui vient d'être signalé. Guizot, en 1827, voulait l'indépendance des élections; pourquoi ne voulait-il plus de cette indépendance sous Louis-Philippe? — Guizot faisait partie d'un *club* en 1827; pourquoi a-t-il flétri les *réformistes* en 1848? Pourquoi a-t-il fait disperser alors, par la force brutale, les flots de la population parisienne qui se rendait paisiblement et au grand jour à un banquet public, sous la conduite de la garde nationale et d'un grand nombre de députés?

Pourquoi? c'est qu'en 1827 Guizot travaillait à renverser une dynastie, et qu'en 1848 il travaillait à renverser la Charte.....

L'ambition mène donc au crime de lèse-nation, et ce crime, par le temps qui court, ne peut plus triompher.

Mais n'anticipons pas sur les événements.

Nous sommes en 1830. — Dans le mois de janvier de cette année, Guizot fut, pour la première fois, élu député à Lisieux (Calvados).

Polignac venait d'être nommé président du conseil des ministres. Honnête homme, mais esprit faible et d'une profonde imbécillité politique, tel était le nouveau président du ministère, tel était l'appui que s'était donné Charles X pour faire face aux immenses difficultés du moment...

La chambre ne lui ayant pas donné son concours, elle fut dissoute dès les premières sessions. On fit appel à de nouvelles élections.

Guizot fut réélu à Lisieux, car son nom avait figuré l'un des premiers dans l'association des députés pour le refus de l'impôt non voté par la Chambre.

Quand il arriva à Paris, les fatales ordonnances étaient publiées : la royauté venait de se creuser elle-même un abîme mystérieux, profond ; elle s'était suicidée, en oubliant le pacte fondamental de la nation.

Désormais l'homme dont nous avons entrepris de révéler les actes va jouer un grand rôle. Sous l'empereur, il a été pour les Bourbons ; sous ceux-ci, il a été de l'opposition libérale ; sous Louis-Philippe, que sera-t-il ? Le repentir politique peut encore racheter ses fautes passées, son égoïsme d'autrefois, ses incroyables changements d'opinion. Ce n'est plus un jeune homme qui court follement après la gloire, entraîné par l'inconstance des passions qui se soulèvent chaque jour dans son cœur : c'est un libéral qui se pique d'avoir étudié gravement l'histoire de l'humanité ; c'est un publiciste qui a défendu, dans des livres et dans les journaux, la cause de l'*égalité* et de la *souveraineté* du peuple ; c'est un député qui a combattu les tendances *illégales* de la couronne.

Encore un coup, quelle doit être son attitude dans la nouvelle France qui surgit des ruines d'une grande dynastie déchue ? Le peuple triomphe, la justice triomphe, la charte triomphe ; si le libéralisme a pris racine dans le cœur de Guizot, il sera pour le peuple, pour la justice, pour la charte, sinon, n'est-il pas vrai qu'il est aussi lâche que traître, aussi traître que menteur ? — Voyons.

Guizot fit partie du gouvernement provisoire de juillet, pour le porte-feuille de l'instruction publique. Partisan de Louis-Philippe, il était parvenu, on ne sait comment, à se placer à côté du vénérable Dupont de l'Eure, qui était franchement républicain et honnête homme (1). Sa part dans le mouvement n'était pas de nature à justifier son ambition, et l'association de deux noms si peu faits pour se trouver ensemble, eut quelque chose de bizarre et d'inexplicable.

Lorsque la commission municipale de l'Hôtel-de-Ville vint résigner, entre les mains du duc d'Orléans, lieutenant-général du royaume, tous les pouvoirs de la révolution, le prince, qui acceptait volontiers cette démission, pria le gouvernement provisoire de rester en permanence en at-

---

(1) On nous permettra de citer un fait qui prouve la noble indépendance de caractère de Dupont de l'Eure. Louis-Philippe était depuis quelques mois sur le trône, lorsqu'une discussion eut lieu, en plein conseil, entre le prince et le noble républicain. Le roi s'étant permis un mensonge, Dupont lui fit remarquer qu'il était dans l'erreur. — « Quoi ! monsieur, s'écria le roi, vous me donnez un démenti ? Tout le monde saura que vous m'avez manqué. — Sire, répondit Dupont avec dignité, quand le roi aura dit *oui* et que Dupont dira *non*, je ne sais auquel des deux la France croira. »

tendant de nouveaux *ordres*. « Des *ordres !* s'écria vivement **M. Mauguin?**
« — Ah! ce mot vous paraît trop rude, reprit Guizot. Eh bien! je vais
« écrire *instructions*. » — Cette répartie était un présage significatif.

Le 11 août 1830, Louis-Philippe, *reconnu* roi des Français, appela
Guizot au ministère de l'intérieur. Celui-ci ne resta au pouvoir que jusqu'au 2 novembre suivant, et l'on peut dire que, pendant cette courte
apparition aux affaires, le député de Lisieux ne fut guère fidèle au drapeau
du libéralisme. Selon lui, la révolution de juillet n'avait eu pour but
qu'un simple changement de dynastie, et non l'amélioration du sort na-
tional, l'extension des principes de liberté, la consécration du grand principe de la souveraineté du peuple. « Quel est le caractère de cette révolu-
« tion, dit-il alors pour justifier sa conduite ministérielle? Elle a changé
« une dynastie. Elle en a cherché le remplaçant aussi près d'elle qu'il était
« possible, et c'est l'*instinct public* qui a poussé le pays à restreindre ce
« changement dans les plus étroites limites. »

Aussi, ne soyons pas surpris de la ligne politique que Guizot suivra désormais : elle est tout entière dans cette insolente déclaration qni indigna
l'assemblée parlementaire du 9 novembre 1830. Pour Guizot, l'instinct
de la France n'était qu'un instinct dynastique ; rien de plus, rien de
moins!!! Avec un pareil servilisme, Guizot devait finir par être le ministre
bien aimé d'un roi qui tenait plus à la conservation de sa dynastie qu'à la
perpétuité de la monarchie constitutionnelle.

Cependant, il y avait dans la Chambre des hommes qui comprenaient
autrement la révolution de juillet. Le 3 novembre, par exemple, M. de
Tracy demandait que le cautionnement des journaux fût supprimé. Guizot
combattit cette proposition vraiment libérale. « Le cautionnement, dit-il,
« doit être maintenu, parce qu'il est une garantie destinée à prouver que
« les hommes qui entreprennent un journal FONT PARTIE D'UNE CERTAINE
« CLASSE DE LA SOCIÉTÉ. » Et la majorité complaisante rejeta l'amendement
de M. de Tracy.....

Guizot avait fait partie de la Société *Aide-toi, le Ciel t'aidera;* dès le lendemain de la révolution, il proposa des mesures de rigueur contre les associations populaires.

Dans la discussion de l'Adresse de 1831, le même homme parla AVEC
INSULTE du parti républicain. Le républicanisme ne pouvait échapper
aux grossières injures d'un courtisan dévoué, corps et âme, aux idées
d'une monarchie qui avait commencé par serrer la main des portefaix,
pour se cramponner ensuite à l'aristocratie du despotisme le plus absolu.
Aussi, quand il fallut décider si la pairie serait héréditaire sous un régime

exclusif de priviléges, Guizot *vota pour l'affirmative* ; il ne comprenait pas autrement l'*égalité* et la *souveraineté* du peuple.....

Sous le ministère de Casimir Périer, il fut l'un des plus ardents champions de la politique de *résistance*, politique dans laquelle on voulait baillonner le peuple appelé dédaigneusement par lui *la mauvaise queue de la révolution*.

A partir de cette époque, Guizot, qui était impopulaire, devint *odieux* à la nation.

Lors de la formation du ministère du 11 octobre 1832, Guizot fut appelé au portefeuille de l'instruction publique. M. de Broglie le voulut. « En vain, dit Louis Blanc, lui fit-on observer que M. Guizot avait soulevé « contre lui l'opinion publique ; que, dans la situation des esprits, les ser- « vices de cet homme seraient *funestes* à la monarchie ; que c'étaient ainsi « qu'en jugeaient les députés les plus dévoués au trône , et, par exemple, « MM. Jacques Lefèvre, Fulchiron, Jacqueminot ; que, *s'il convenait quel-* « *quefois de se mettre au-dessus des clameurs de la presse*, au moins devait-on « ménager les *répugnances* du parlement.... M. de Broglie se montra iné- « branlable. Il fallut subir ses conditions. Et le 11 octobre, le *Moniteur* pu- « bliait la fameuse ordonnance qui appelait : aux *affaires étrangères*, M. de « Broglie ; à l'*intérieur*, M. Thiers ; à l'*instruction publique*, M. Guizot ; « aux *finances*, M. Humann. Le maréchal Soult garda le portefeuille de la « guerre avec le titre de président du conseil, et M. Barthe fut ministre de « la justice (*Hist. de dix ans*, 5ᵉ édit., tom. 2, p. 343). »

C'est une chose fort curieuse que cette apparition au pouvoir d'un homme haï parce qu'il avait la parade, les formules et l'amour du despotisme ; la providence le permettait sans doute ainsi, pour nous préparer un avenir mystérieux et libérateur. Les circonstances plaçaient aux mains d'un pouvoir parjure un instrument qui, plus tard, devait venger la cause nationale si indignement trompée.

Le ministère du 11 octobre se signala surtout par son indicible acharnement contre les associations : Guizot commençait par où il devait finir ; il posait les principes de la ruine d'une dynastie oppressive et ingrate.

Il y eut alors un procès trop remarquable pour ne pas être ici raconté avec quelque détail. Il s'agit de l'affaire célèbre de quelques membres de la *Société des amis du peuple* qui furent cités à comparaître devant la cour d'assises de la Seine, pour avoir pris part, *un an auparavant*, à des réunions composées de plus de vingt personnes. Les *coupables* étaient MM. Rittiez, Caunes, Achille Roche, Berrier-Fontaine, Godefroi Cavaignac, Gabour, Desjardins, Félix Avril, Bonnias, Carré, Despréaux, Plagniol, Plocque, Trélat, Raspail. L'accusation s'appuyait sur l'article 291, et on allait décider **si**, dans un pays que l'on disait *libre*, le droit d'association serait maintenu ou aboli.

Après une brillante improvisation de M. Rittiez, M. Godefroi Cavaignac prit la parole. Il défendit d'abord, avec une éloquence aussi simple qu'énergique, le droit d'association. Puis, s'adressant à ceux qui affectaient de ne voir dans la République qu'une pensée d'anarchie et de désorganisation, il s'écria :

« Nous sommes, dites-vous, les ennemis de la société et du gouverne-
« ment..... Mais j'ai déjà répondu. Ce que nous haïssons dans la société,
« ce sont ses vices; nous sommes les véritables amis de l'ordre social, car
« nous voulons qu'il soit corrigé, et nous croyons qu'il est susceptible de
« l'être. Vous, qui dites qu'il est bon, vous le flattez; vous le calomniez,
« vous qui dites qu'il restera toujours vicieux. Aussi bien, je pourrais,
« cette fois encore, demander où donc est cette organisation que nous vou-
« lons détruire : religion, science, travail, qu'y a-t-il de constitué dans la
« société actuelle?

« La religion ? interrogez un prêtre, M. de Lamennais. La science? inter-
« rogez Raspail? Quelle organisation scientifique y a-t-il dans un pays où
« manque l'enseignement populaire?

« Quant au travail, demandez à tous ceux qui le pratiquent s'il est or-
« ganisé? Souvenez-vous de Lyon; examinez tout ce qui se dit, tout ce qui
« se fait, parce que les lois organiques du travail font défaut. Étrange ca-
« lomnie ! nous sommes des désorganisateurs dans une société où l'organi-
« sation manque, et où nous voulons qu'elle se fonde enfin ! »

Il faudrait citer ici tout le discours de Godefroi Cavaignac, mais l'espace nous manque, et il nous suffit du reste de constater l'issue du célèbre procès des *Amis du peuple*. Y avait-il eu association de plus de vingt personnes? Le jury répondit : *Oui*. — Cette association était-elle périodique? *Oui*. — Était-elle autorisée par le gouvernement? *Non*, dit encore le jury. — Les prévenus sont-ils coupables? NON.

Et les *Amis du peuple* furent acquittés par la magistrature *émanant de la nation*, contrairement aux conclusions de la magistrature *issue du pouvoir*. C'était donc une lutte entre le gouvernement et le peuple qui s'annonçait par un triomphe de tribunal et qui devait, quinze ans plus tard, finir par un triomphe de révolution.

Un esprit moins entêté que Guizot eût vu, dans cette solennelle déclaration de la justice populaire, un indice de la route à suivre désormais dans l'intérêt commun de la couronne et de la nation. Il n'en fut rien. Le ministère du 11 octobre fit prononcer la dissolution de la *Société des Amis du peuple.* Il s'agissait d'écraser *la mauvaise queue de la Révolution.* Les moyens les plus iniques furent trouvés bons par le gouvernement : — procès de presse, — violation du domicile, — déploiement intempestif de la force armée, — vengeances dictatoriales, — lois de septembre, — l'infâme Deutsch, — corruption de la Chambre, etc., etc. La dynastie de juillet, en s'écartant de son principe, s'enfonçait dans un abîme où tôt ou tard elle devait infailliblement périr.

Quelques personnes pourraient croire que, dans tous les actes du ministère du 11 octobre, Guizot, simple ministre de l'instruction publique, ne joua qu'un rôle secondaire; mais rappelons-nous que de Broglie était le chef de ce ministère et que Guizot fut constamment sa créature, son ami, son guide politique. Ses biographes adulateurs ont eux-mêmes avoué la part immense de notre héros dans le gouvernement de cette époque. «Quoi- « que M. Guizot, dit Pascallet, conservât toujours le ministère de l'instruc- « tion publique, cependant, malgré ce poste secondaire, IL OCCUPAIT LA « PLACE LA PLUS ÉLEVÉE DANS LE CONSEIL (*Encyclopédie des gens du monde,* « tome XIII, p. 315). » L'*Homme de rien* a dit aussi : «— M. Guizot exerça « une influence soutenue sur les divers actes de ce ministère (*Galerie des* « *contemporains illustres,* tome Iᵉʳ, livraison 5ᵉ, p. 23). »

On a beaucoup vanté la loi du 28 juin 1833 sur l'instruction primaire. « Cette grande et belle loi, s'il faut en croire un historien, cette grande et « belle loi, conçue, préparée, soutenue et exécutée par M. Guizot, restera « dans l'avenir comme une des plus nobles créations de notre temps ; le « principe de l'éducation populaire, adopté et proclamé par la révolution « de 89, mais arrêté dans sa marche par les bouleversements sociaux de « nos cinquante dernières années, a enfin reçu son dernier accomplisse- « ment sous le ministère de M. Guizot. Onze mille communes, c'est-à-dire « le quart de la France, jusque-là privées du bénéfice de cette instruction « première qui fait l'honnête homme et le bon citoyen, ont vu s'élever à « côté de l'humble presbytère la modeste école où l'enfant du pauvre vient « chercher la lumière, cet autre pain des âmes, qui doit la soutenir à tra- « vers les rudes épreuves de sa vie. On ferait des volumes de toutes les « instructions adressées par M. Guizot, à l'occasion de cette loi, aux pré- « fets, aux recteurs, aux maires, aux commissaires d'examen. Le plus beau « travail de ce genre est sans contredit la circulaire de M. Guizot à tous les « instituteurs des communes de France. Avec quelle touchante familiarité « le ministre tend la main au pauvre et obscur magister de village ! Comme « il le relève aux yeux de tous et surtout à ses propres yeux ! comme il le « pénètre de l'importance de sa mission ! C'est presque son ami, son col-

« lègue, son égal ! Et puis avec quelle paternelle sollicitude, du fond de
« son cabinet, l'homme d'état entre dans les détails les plus infimes des
« relations obligées de l'instituteur avec les enfants, les parents, le maire
« et le curé !............ »

N'allons pas plus loin, et, au lieu de tous ces éloges menteurs, disons
avec Louis Blanc que cette fameuse loi trahissait une extrême pauvreté de
vues. Il est impossible, en effet, que l'enseignement primaire soit utile et
réalisable, si le peuple doit payer son instruction ou si un travail prolongé
l'empêche de s'appliquer à l'étude. Il faut donc, à côté d'une loi sur l'enseignement primaire, une autre loi sur l'organisation du travail. Or, Guizot
ne voulait point entendre parler de l'organisation du travail, et il disait
avec une élégance féroce : *le travail est un frein*. Quand on veut museler
le peuple en l'accablant de fatigues et qu'on cherche à tout froisser pour se
rendre nécessaire au despotisme, on ne songe guère à donner au pays des
institutions radicalement utiles ; la préoccupation ne va point jusque-là, et
tel était Guizot.

Le ministère du 11 octobre dura jusqu'au 22 février 1836. Thiers arriva au pouvoir et fonda le gouvernement *personnel*, c'est-à-dire le bon
plaisir du roi.

Guizot reprit son portefeuille de l'instruction publique le 6 septembre
de la même année, sous la présidence de M. Molé ; il aurait voulu l'admi-
nistration du département de l'intérieur, l'un des deux ministères qu'on
est convenu de regarder comme donnant le plus d'influence, mais des
obstacles sérieux s'y opposèrent. Toutefois, il parvint à faire donner ce
ministère à M. de Gasparin, l'une de ses créatures, et il se tint pour satis-
fait, *car dominer le Cabinet dans une position secondaire plaisait à cet homme
orgueilleux*. (Louis Blanc, *Hist. de dix ans*, 5ᵉ édit., t. V, p. 106.)

Cette nouvelle apparition de Guizot au pouvoir dura peu, et n'offrit à la
France que le triste spectacle de dissensions intestines au sein du Cabinet.
Molé voulait être président de nom et de fait ; Guizot affectait pour les pré-
tentions de son chef nominal une sorte d'étonnement dont rien n'égalait
l'injure. De là, un duel sourd, implacable, dans lequel les corruptions
législatives, les dessins politiques, l'emploi des agents, les mesures les plus
générales en apparence, n'entraient que comme des armes à l'usage de la
jalousie. La mesure des griefs étant comblée de part et d'autre, la lutte
prit un caractère décisif. « Alors vous eussiez vu, dit un homme connu
« par son inexorable impartialité, les deux principaux personnages de
« l'État réduits à se disputer le cœur du monarque, s'empresser autour de
« lui, deviner ses désirs, faire assaut de propositions dont le prétexte du

« bien public colorait à peine le sens véritable. Pour témoigner de sa solli-
« citude à l'égard de la personne royale, M. Molé avait voulu se faire ac-
« corder le droit d'éloigner de Paris les citoyens suspects ; à son tour,
« M. Guizot demanda qu'on traînât devant la juridiction exceptionnelle de
« la Cour des pairs le *Courrier français*, coupable, suivant lui, d'outrage
« au prince. »

Cet état de choses dura peu : le ministère Molé tomba, le 15 avril 1837,
sous le poids ignominieux de ses mesquines querelles d'amour-propre.

Guizot fut mortifié de sa chute, ce qui ne l'empêchait point de dire, en
pleine Chambre, un mois après :

— « J'ai pris et quitté le Pouvoir déjà plusieurs fois dans ma vie, et je
« suis pour mon compte, pour mon compte personnel, *profondément in-
« différent à ces vicissitudes de la fortune publique*. Je n'y mets d'intérêt que
« l'intérêt public. »

Et veut-on savoir comment il justifiait sa politique passée à l'endroit de
l'intérêt public ?

Écoutons.

La classe moyenne, suivant lui, avait droit à faire reconnaître et saluer
sa prépondérance, mais elle ne devait être ni *envieuse* ni *subalterne*. Elle
avait pour mission de gouverner, et pour devoir de mettre son cœur au
niveau de sa fortune, en se gardant de toute *basse jalousie* et de toute frivole
défiance. Le vrai danger pour elle, il était dans la *permanence de l'esprit révolutionnaire*, infatigable ennemi qui, même au milieu du sommeil appa-
rent des passions et dans leur silence trompeur, se préparait à de nouveaux
combats. Les agitations du monde, l'Espagne inondée du sang versé par
la guerre et par la révolte, les troubles du Portugal, les déchirements nés
en Angleterre de la Réforme, issue elle-même de notre révolution de juillet, tout cela ne formait-il pas un ensemble de symptômes dont il était permis de prendre alarme ? Tout cela n'indiquait-il pas qu'il y avait dans le
mouvement général de la civilisation moderne quelque chose à réprimer et
à contenir ? On se rassurait parce que les clameurs de la rue étaient tom-
bées et qu'on n'entendait plus autour de soi le choc des partis armés du
glaive ? Comme si l'esprit révolutionnaire n'avait qu'à s'apaiser pour qu'on
le jugeât mort ; comme s'il n'existait pas partout : au sein des classes
pauvres, *rongées par l'envie* ; au centre des ateliers, depuis longtemps rem-
plis du bruit des systèmes d'égalité ; dans le peuple entier, *auquel il ne res-
tait plus d'autre frein que le travail* ; au fond des institutions représentatives
enfin, qui avaient organisé la lutte des bons instincts et des passions anar-
chiques. Il fallait donc se tenir en garde, veiller au *maintien des lois répres-
sives*, *discipliner* les fonctionnaires, raffermir le Pouvoir.

Ainsi, la politique de Guizot avait pour but unique :

D'écraser l'hydre révolutionnaire, comme le voulait Louis-Philippe, son digne maître;

D'effacer le principe de l'égalité, en faisant de la classe moyenne *une classe à part;*

De s'opposer à la réforme, issue cependant de la révolution de juillet;

De fouler au pied les classes pauvres, *mauvaise queue des révolutions, valetaille rongée par l'envie;*

De *discipliner* les fonctionnaires, en les faisant obéir par la crainte d'une destitution ou par l'appât corrupteur des places et des fonds secrets;

De *raffermir le Pouvoir,* c'est-à-dire, d'après ce qui précède, de mettre la couronne au-dessus de la Charte, de mettre le roi au-dessus des promesses et des principes jurés en 1830.

Un pareil homme et de pareils principes ne devaient-ils pas être agréables à Louis-Philippe?..... Ne soyons donc pas surpris si, en 1840, Guizot devient enfin le chef d'un ministère qui ne finira qu'avec la dynastie.

Pendant sept ans, cet homme implacable dans sa politique, se complut à développer en grand les maximes anticonstitutionnelles que nous venons d'énumérer. Les faits sont trop récents pour que nous ayons besoin de les rapporter en détail dans cette brochure populaire. Il suffira donc d'en citer ici quelques-uns.

Et d'abord, ce fut Guizot qui obtint des Chambres une loi nécessaire pour fortifier Paris, *on sait dans quel but* (1).

Ce fut Guizot qui, pour discipliner les fonctionnaires, épuisa le hideux système de la corruption ministérielle. La réforme parlementaire et la réforme électorale, demandées chaque année, furent constamment repoussées. M. Gauguier s'écriait à la tribune en 1842 : — Depuis 1830, les ministres nous ont généralement prouvé dans la pratique qu'ils peuvent, comme les ministres de la restauration, se fonder des majorités, non par la grandeur et l'utilité de leurs actes pour le pays, mais par la prodigalité des faveurs données aux électeurs et aux députés. » En 1847, le scandale était si grand, que toute la France en était indignée. L'impudent Guizot marchait la tête haute, et disait aux électeurs de Saint-Pierre-sur-Dives, en 1845 : « Vous faites de fréquentes élections; vous apercevez-vous qu'elles « soient l'œuvre de la corruption et de la violence? Parce que je vous ai « aidés quelquefois à réparer vos églises, à construire vos presbytères et « vos écoles, à assurer une carrière à vos enfants, avez-vous cessé de voter « librement? *Vous sentez-vous des hommes corrompus?* » — Oui, a répondu toute la France en 1848.

(1) Voir notre *Histoire de Louis-Philippe,* page 7.

Ennemi des principes impérissables qui se trouvent dans la Charte, Guizot dirigea tous les efforts de sa politique contre ce qui aurait pu les faire prévaloir. Armé des *lois de septembre*, il frappa comme un tyran ; sous sa main de fer, le peuple affamé, méprisé, fut traqué comme une bête fauve ; la moindre manifestation en faveur de l'amélioration sociale des classes pauvres, des travailleurs, de la liberté d'association, fut regardée comme un crime. Ainsi le voulait Guizot, satellite de Louis-Philippe. Il avait pourtant dit en 1830 : — « La législation en vigueur sur les associations est indigne d'un peuple libre (*Moniteur* du 26 septembre). » — Cela est vrai, et les événements de février sont venus, tardive, mais terrible justice, venger la France humiliée si longtemps.

Oui, la France est vengée. Que la république, grande, majéstueuse, s'avance vers l'avenir, appuyée sur l'ordre, la loyauté, l'amour sincère du peuple et des principes immuables de la morale, — et nous bénirons Dieu d'avoir sauvé nos frères !!!

ÉPILOGUE.

Lorsque le lundi, 21 février 1848, à la séance de la chambre, Odilon Barrot interpella le ministère sur les mesures qu'il comptait prendre le lendemain, Guizot et Duchâtel se crurent sauvés. Ils comprirent que l'opposition reculait devant la grave responsabilité du lendemain. Duchâtel, de sa voix la plus ferme, assura que le banquet serait interdit, et que force resterait à la loi. Les ministres s'acheminèrent en toute hâte vers les Tuileries, pour porter l'heureuse nouvelle. Elle mit au comble la joie de Louis-Philippe, qui, se frottant les mains et tout radieux de bonheur, entra dans le salon de Marie-Amélie vers les six heures du soir, et, s'adressant à ceux qui s'y trouvaient réunis : « Messieurs, puisque vous ne banquetez pas, allons dîner en famille. » Puis, arrivé à la table, il ajouta : « Nous serons mieux ici qu'au grand air ; on dîne toujours mal au grand air, et messieurs les réformistes nous remercieront de leur avoir épargné cette corvée patriotique. »

Plus le dîner avançait, plus l'enjouement du maître de maison redoublait, et cherchait à s'épancher en bons mots : ainsi, il disait à une personne qui ne mangeait pas :

— « Vous ne banquetez pas, monsieur ? »

C'était de l'esprit comme on en faisait au château.

Au second service, on apporta des pommes à la Bourdaloue. A ce propos, Louis-Philippe fit de l'érudition sur le célèbre prédicateur ; et comme ces pommes n'étaient pas de son goût, il défendit d'en servir davantage, ajoutant avec malice : « Nous ferons cette réforme-là. »

Au cercle du soir, il s'entretenait familièrement avec Guizot et Duchâtel, encore tout radieux de leur triomphe. Comme tous les yeux se portaient sur eux, le Napoléon de la paix, se posant tout à coup, et haussant la voix, leur dit : « Messieurs, je suis content de vous !!! »

Typographie de H. V. de Surcy et Cie, rue de Sèvres, 27.